헤밍웨이는요!

생일
1899년 7월 21일 (미국)

별명
행동 대장

좋아하는 것
고양이, 여행

싫어하는 것
남에게 지는 것

잘하는 것
권투, 사냥

못하는 것
배운 척하기

글 박지웅
추계예술대학교에서 문예창작을 공부했습니다. 2004년 〈시와 사상〉 신인상,
2005년 문화일보 신춘문예에 시가 당선되어 등단했습니다.
쓴 책으로 〈모두가 꿈이로다〉, 〈거인의 정원〉이 있고,
시집으로 〈너의 반은 꽃이다〉가 있습니다.

그림 백금림
성균관대학교에서 한국화를 공부하고, 현재 프리랜서 일러스트레이터로 활동하고 있습니다.
감자꽃 회원으로 활동하며 2008년 남이섬 1호 그림전, 2009년 감자꽃 전시 활동을 했습니다.
주로 어린이를 위한 그림을 그리고 있습니다.
그린 책으로 〈마주보는 한국사 교실〉, 〈솥 안에 둔 돈〉, 〈유교 국가의 실현〉, 〈봄봄 외〉,
〈숙향전〉, 〈다람이와 다롱이〉, 〈제인 구달〉 등이 있습니다.

100인의 위인들 교과서 속 작가를 꿈꾸는 아이 헤밍웨이
헤밍웨이에게 배우는 살아 있는 글쓰기

글 박지웅 **그림** 백금림
펴낸이 남선녀 **기획 편집** 하늘땅 모은영 최문주 신지원 **디자인** 하늘땅 박희경 최금옥
펴낸곳 한국차일드아카데미 **주소** 경기도 고양시 일산동구 은마길 77 **전화** 1588-6759
출판등록 2001년 1월 19일(제5-175호) **홈페이지** www.ekca.co.kr

ⓒ (주)한국차일드아카데미
※잘못된 책은 교환해 드립니다.
이 책은 저작권법에 의해 보호를 받는 저작물이므로 무단전재와 무단복제를 금합니다.
주의: 책이 딱딱하여 다칠 우려가 있으니 던지거나 떨어뜨리지 않도록 주의하십시오.

헤밍웨이에게 배우는 살아 있는 글쓰기

글 박지웅 그림 백금림

한국차일드아카데미

안녕, 꼬마 친구!
나는 이 세상에 이야기를 많이 남겼단다.
사람들은 내가 쓴 소설을 좋아하지.
내가 어떻게 글을 쓰는지 알고 싶어 하기도 해.
재미있는 소설을 쓰려면
좋은 이야깃거리가 있어야 해.
맛있는 음식을 만들려면 신선한 재료가 있어야 하듯이 말이야.
어떻게 그 이야깃거리들을 모을 수 있을까?
나만의 방법을 살짝 알려 줄게.

책 많이 읽기

나는 어릴 때부터 책을 좋아했어.
책을 읽으면 다른 세상을 경험할 수 있기 때문이었어.
"밖에서 신나게 뛰어놀 나이에 책만 붙들고 있다니!"
나의 보모는 책을 여기저기 숨겨 놓았어.
"아휴, 오늘은 책을 어디에 숨긴 거지?"
나는 보물찾기를 하듯이 책을 찾아서 밤새 읽었어.

*보모는 어린이를 돌보아 주며 가르치는 여자예요. 예전에는 아이가 어릴 적에 보모가 엄마 역할을 하기도 했어요.

어느 날 아버지께서 말씀하셨어.
"숭어를 낚는 것은 책을 읽는 것만큼 재미있단다."
"그래요? 그럼 저는 세상에서 가장 큰 숭어를 잡을래요!"
나는 숭어를 잡으려고 아버지를 따라 호수에 갔어.
어깨에 잔뜩 힘을 주고 낚싯줄을 던지다가
낚싯줄에 매달린 낚싯바늘이 내 등에 꽂히기도 했지.
어깨에 힘을 좀 빼고 해 보니 숭어를 잡을 수 있었어.
팔딱대는 숭어를 잡는 건 정말 멋진 경험이었지.

조금 더 커서는 용감한 군인이 되고 싶었어.
어머니는 그런 나를 나무라셨지.
"어니스트, 요즘은 피아노를 치지 않는구나."
"엄마, 저는 피아노보다 병정놀이가 더 좋아요."
"그런 놀이를 하다 보면 다칠 수 있단다."
"하나도 안 무서워요.
저는 달려오는 말을 한 손으로 붙들 수도 있어요."
어머니는 깜짝 놀라시며
나에게 뭐가 무서운지 물으셨어.
"저는 무서운 게 아무것도 없어요!"

직접 경험하기

내가 청년이 되었을 때 세계에 큰 전쟁이 일어났어.
내가 전쟁터에 나가겠다고 하자, 어머니는 펄쩍 뛰며 말리셨지.
"어니스트! 너는 너무 어려서 전쟁터에 나갈 수 없단다."
"저는 전쟁이 무엇인지 알고 싶어요."
나는 고집을 부렸어.
전쟁터에 가면 왜 전쟁을 하면 안 되는지,
어떻게 살아야 하는지 알 수 있을 거라 생각했거든.
나는 전쟁터로 달려갔지.

전쟁터에서 병사들에게 초콜릿과 빵을 나누어 줄 때였어.
내 옆에서 폭탄이 펑 터져서 다리를 다쳤지.
내 곁에 있던 병사는 목숨이 위태로울 정도로 많이 다쳤어.
나는 다친 병사를 데리고 간신히 그곳을 빠져나왔어.
전쟁터에는 마지막으로 가족을 보고 싶어 하며
죽어 가는 사람들도 있었어.
**전쟁터에서 서로 죽고 죽이는 것은
너무 슬프고 끔찍한 일이었어.**

그 뒤에도 나는 여러 전쟁터를 돌아다니며 글을 썼어.
두려워질 때마다 나는 다짐했지.
'용기를 잃지 말자.
이 일들은 전쟁이 끔찍하다는 것을 세상에 알리는
훌륭한 이야깃거리가 될 거야.'
**이렇게 나는 직접 겪어 보는 것과 책 읽기를
좋아한 덕분에 살아 있는 글을 쓸 수 있었어.**

*전쟁터에서 겪은 일들은 〈무기여 잘 있거라〉, 〈누구를 위하여 종은 울리나〉와 같은
 소설로 탄생했어요.

나는 세계 곳곳을 돌아다니며 많은 사람들을 만났어.
그 사람들에게 재미난 이야기를 많이 들었어.
쿠바에서 만난 늙은 어부는 내게 이런 이야기를 해 주었지.
"그 청새치는 매우 커서 배로 끌어올리기 힘들었네.
나는 사흘 밤낮을 청새치와 싸웠지.
그런데 부두로 돌아와 보니 청새치는 뼈만 남았지 뭔가.
상어들이 몰려들어 뱃전에 묶인 청새치를 먹어 버린 거야."

*청새치는 창 같은 긴 주둥이를 가진 큰 물고기예요.

늙은 어부가 해 준 말은 훌륭한 이야깃거리였어.
**나도 작은 배를 타고 바다에 나가
청새치를 잡아 보고 싶었어.**
노인이 겪은 일과 노인이 했던 생각을 알고 싶었던 거야.
'그래, 바다로 나가자!'
나는 작은 배와 낚시 도구들을 마련했어.

파도가 거세게 요동치던 날,
나는 낚싯바늘에 미끼를 끼워 바다에 던졌어.
그때 미끼를 물고 엄청난 힘으로 낚싯줄을 당기는 청새치를 보았지.
나는 뾰족한 창으로 청새치를 잡아서 뱃전에 매달았어.
청새치의 피 냄새를 맡고는 상어들이 몰려들기 시작했지.
**나는 노를 들어 상어들을 물리치면서
늙은 어부의 마음을 알 수 있었어.**

*뱃전은 배의 양쪽 가장자리 부분이에요.

경험한 것을 글로 쓰기

이제 열심히 글을 쓸 차례가 되었어.
나는 글을 쓰는 데 방해받지 않으려고
현관문 앞에 손님을 맞는 사람을 세워 두었어.
찾아오는 손님에게는 이렇게 말하도록 시켰지.
"제가 헤밍웨이입니다. 만나서 반갑군요."
가짜 헤밍웨이는 그럴듯하게 내 역할을 해냈어.

그러던 어느 날이었어.
"드디어 다 썼다!"
바로 〈노인과 바다〉라는 소설이었지.
나는 이 소설로 노벨 문학상을 받았어.
좋은 이야깃거리를 찾아다니며 직접 겪어 보고 쓴 글이 사람들에게 인정을 받은 거야.

꼬마 친구도 언젠가는 〈노인과 바다〉를 읽게 되겠지?
그 소설의 어딘가에서 내 모습을 찾아볼 수 있을 거야.
그럼, 안녕.